詩와 詩人

■

지은이 | 송영택 외 일곱 사람

■

초판 1쇄 2016년 3월 23 일

■

펴낸이 | 길명수
펴낸곳 | 배문사
출판등록 1989년 3월 23일, 제10-312호
주소 서울시 서대문구 충정로 2가 37-18
전화 (02) 393-7997
팩스 (02) 313-2788
e-mail pmsa526@empas.com
■

편집 인쇄 삼중문화사

ISBN 978- 89-87643-32-8(03810)

값 10,000원

소시집 모음

詩와 詩人

2

송영택 외

도서출판 배문사

차 례

유명은

소시집 무심

평택 출생
한국문인협회 회원

저서
시집 : 새를 키우는 도공
바람은 길 끝에서 분다
아무 곳에도 없는 시간

동화 : 꿈을 향해 크는 나무
무학대사와 빠가사리 똥
남생이와 수달의 여강 나들이

에세이 : 딸아, 엄마도 그랬어

무심

無心하게 살자던 세월이 깊었다
나 자신에게 조차
無心하자던 시간 동안
바위에 부딪친 물살은
멍들고 깨지면서도
길을 잃지 않았다
어느 날
無心의 끝에서 바라보니
내가 웃고 있었다

북소리

아무도 말을 하지 않던 그 날
햇살 없는 나무 아래
하얗게 표백된 하늘을 보았다
소리 없이 울고 가는 바람이
머리카락을 흔들 때마다
추억이 사라져 가고
시든 청춘이 모퉁이를 돌아
발자국을 남겼다
어디선가 들려오는 북소리
둥 · 둥 · 둥

소음

뜨거운 차를 마시며
마음을 쉬려 찾아간 곳
노랫가락을 크게 틀어 놓았다
친구와 인생을 이야기 하려
술잔을 채웠다
시끄러운 음악이
우리의 이야기를 가로 막았다
여행이라 들떠 탄 관광버스
노래도 아닌 악악 소리
지옥이 따로 없다
어느 곳을 가던지
듣고 싶지 않아도
듣고 있어야만 하는
노랫가락
내겐 지독한 소음일 뿐
마음이 쉴 곳이 없다

꽃길

너와 함께 걷는 꽃길에서
너의 이름을 부르면
너보다 먼저 꽃이 웃는다
무더기로 피어난
꽃길 가득
너와 잡은 손이 환하다

진실

하나는 외로워
둘이 되었다
둘도 외로워
셋이 되었다
셋 중에 하나
내 편이 없어
넷이 되었다
편이 나누어져
제 각기 편을 모았다
나눠진 편끼리 싸우다
결국 흩어져
혼자가 되는 외로움
그렇게 사는 거라고
혼자도, 뭉쳐도
삶은 결국 외로운 거라고
진실을 말한 이는
누구일까

어제를 버리고

존재하는 것이
아무 것도 없자
삶조차 사라졌다
갈라진 손등으로
차가운 심장에
온기의 구멍을 뚫는 너
사라졌던 하루가
건널목을 지나감을 보았다
틀니같은 어제를 빼 내어
세탁기를 돌린다

새의 눈물

고단한 자의 잠을 깨우며
냉소를 짓는 사람들 속에서
달빛과 어깨걸이 하며
길을 걷는다
반 발자국 앞
너의 기침 소리는
이름을 지어 주지 않은
새의 눈물
편두통처럼 욱신거리는
깡마른 거리엔
사랑스런 공허만이 가득하다

찔레꽃 파도

찔레꽃 같은 파도가 밀려왔다
사랑은 상처를 받는 것이라고 나는 믿었다
상처는 낫기 마련이라고
새 살이 돋아 날 것이라고
너는 말했다
갈매기 우는 바닷가 바위는 차가웠다
아픈 사랑을 건져 세상으로 돌아오라고
파도는 여전히 철썩였다
찔레꽃 파도가 술잔에 가득하다

들새

너에게 줄 것 이라곤
빈 손 밖에 없어
슬픔이 목 까지 차오른 날
길가 들국화 뚝뚝 지더라
숨어 우는 들새의 둥지는
그 어디에도 없어
스러지는 바람에도
머릿결처럼 자라는 눈물

사랑

이미 끝난 사랑은
더 이상 사랑이 아니다
내 사랑은 언제나
현재 진행 중

발자국

몸을 이끌고 다니는 마음이
저 홀로 산 밖에 앉아
먼 곳을 보고 있다
지난 세월 돌아보니
눈 위의 바둑이 발자국처럼
무수한 자국들
무소의 뿔처럼 혼자서
견뎌낸 줄 알았더니
내 곁의 무수한 인연들과
함께 걸었더라
한 겹 벗겨보면
그대로 알몸인 삶
너무도 많은 것을 걸치고
살아왔다
버릴 것 온전히 버리는데
산 밖의 마음이 저만치
걸어가고 있다

너 없는 동안

셀 수 없는 숱한 밤
저 홀로 세월을 잊어가는
바다가 되어 살았다
웅크리고 앉은 섬바위에서
날마다 석탑을 쌓으며
등 푸른 파도 따라
그렇게 살았다
해당화 붉은 저녁나절
너 없이 산 세월이
하 외로워서
수평선을 가로 질러 간다
눈물 없이 산 세월보다
길 끝에서 산 세월이
더 많았던 것은
저 깊은 바람 속에
너 없이 홀로 서 있는 것이
몹시 허약했기 때문이다

슬픈 인연

눈꽃이 내렸는지 몰라
소주잔의 기울임이
어쩐지 너무도 허술했지
비어버린 잔의 숫자만큼
오래도록 묵은 슬픔이
얇은 문창호지를 뚫고
꽃송이로 변했어
그 날, 너의 입술은
언젠가 꿈속에서 본
떠도는 도화桃花

술 권하는 여자

흔들리는 마음에게
술을 권한다
빈 잔에 술을 따르며
내가 나에게 묻는다
왜 그러니?
아무 것도 없어
그것이 마음을 흔들리게 해
아무렇게 흩어진
마음에게
술을 권하는 내게
그냥 비우라고
그러면 웃게 된다고
가득한 술잔 속의 술이
말한다

돋을 볕

휘적휘적 가슴을 뒤져
종 하나를 꺼냈다
댕그렁
댕그렁
솔숲을 지나
강을 건너고
이죽거리는
사람들을 지났다
낮달이 뜨고
맨발의 이별이
기막히게 서러운
새벽이 되었다
돋을 볕 속에
살 깊은 종 하나
매달아 놓고
말라가는 심장이 우는 소리
댕그렁
댕그렁

이정경

小詩集 푸르내 채움늘

문학세계 문학상, 시조문학 작품상 수상
대한민국 공예명품 인증마크 사용 작가

시집
〈내 영혼의 두레박〉
〈바람을 재어 넣고〉

그저 그래

어정쩡한 것 같아도
도드라지지 않아 편한 말

그저 그래

사는 것이 그렇고
만남이 그렇고

유난하게 별난 것도
싫다는 것은 더더욱 아닌 말

그저 그래

등이 편편한 작은 돌처럼
호주머니에 넣고 만지작거릴 수 있는 말

그저 그래

어때
살만 해

우리는

아주 오래 전
우리는
산과 바다였다

도무지 높고 깊어 가늠할 수 없었던 시간을 뒤로하고
언젠가부터 산은 바다를
바다는 산을 끌어안고 있었다

사뭇 다른 것 같아도
어느 사이 닮아버린
산과 바다

우리는
산과 바다
하나의 우주였다

매향

까치발 들고
살곰살곰

잡았다
마늘각시

오호
너로구나

쉿
조용

겨울아침

홍시를 사 왔는데 떡감이 아니라 달디 단 단감이다
베란다 창가에 가지런히 세워 놓고
잘 익은 것을 골라 호로록 빨아 먹는 그 맛 또한 일품이다
이른 아침, 창가에 서서 홍시 한 입을 베어 무는데
이름 모를 새 한 마리가 포르르 날아간다
작은 발을 쭈욱 펴고 날아가는 새가 물오른 푸성귀처럼
싱그럽다.
아마도 아침 식사거리를 찾아 나섰나보다
홍시 서너 개를 실에 묶어
대롱대롱 창밖에 매달아 놓았다
새야 새야 작은 새야,
내일 아침엔 이 창가에 내려와 입맛이라도 다시고 가렴.

나이테

그 누가
이 억겁의 수레를 되돌리랴
다 떨군 이파리
빈 몸인 것을

초사흘 달빛이
뼛속 깊이 스며드는 밤
숨죽여 옹이 하나 그리자고
그 누가 서두르는가

길고 긴
세월의 흔적
말없이 둥글게
둥글게
그 누가 서두르는가

신호등

살다가
살다가
간혹 멈춰서야할 때
내 생의 가장 아름다운 밑그림을 그린다

아무 것도 하는 일 없이 멈춰선 것 같아도
내 앞에 펼쳐진 하늘과
몇 개의 조각구름
새들의 노래도 접어 넣는다

백양나무 그늘 덮는
매미들의 울음도
신호등 앞에서는 소리를 멈추어라

살다가
살다가
간혹 멈춰서야할 때
내 생의 가장 아름다운 꽃향기를 마신다

겨울 강

빙점에서
만난 고독이
숨을 몰아 쉰다

잔뜩 긴장된
뇌세포의 깃을 추켜세우고
하얗게 부서지는
쇠잔한 가슴
발 뿌리로 걷어차는데

뜨거운 입맞춤을 기다리는
물새 한 마리
겨울 강 끝에 서서
몸살을 앓는다

바람 부는 날

바람이 인다

바람이야
늘 내 품에서 일어
내 품으로 돌아오지만

어째 부는 바람은 이리 소중하고
재우는 바람은 늘 먹먹하다

햇살 짧은
논두렁 서리태
어쩌다 여물지 못한 쭉정이도
모진 세월 뒷짐 지지 않았으니

행여 기억 밖
저만치
저만치서 서성인다 해도

어쩌다 더러
누군가의 기억 속에
가물가물 쉬어갈까

어머니

늘
그랬어

꼿꼿하게 앉아
재봉틀을 돌렸지

나대신 무릎 베고 재롱떨던
숙고사 자투리들,

그것이 세월이었다는 것을 안 것은
내 머리 뽀얗게 서리 내리던 날

돌아보면
산허리 그림자만 길고,

언젠가 나도 그리움이 되어
바람처럼 뉘 등을 떠밀고 다닐까

아직 두부장수의 종소리는 들리지 않는다

복도 끝
무섭도록 적막한 시간의 태엽을 풀어놓고
문지방을 넘어서지 못한 꽃잎 하나 뚝
진다.

초점 하나 흩어지지 않은 채
멈추어버린 시간
마지막 건넨 손은 아직 따스한데
빈자리를 붓질하는
화공의 손길은 바쁘다

묵은지처럼 군둥내 나는 수레바퀴가
오래된 실타래를 풀며
어디론가 떠나간 뒤

바로 옆 병동에선 갓 태어난 아기의 울음소리가
기상나팔처럼 새벽을 가른다

말

하고 싶은 말을 눈으로 삼키고
목 안으로 넘기고
가슴에 묻는다

그것은
이글거리는 화염이었다가
영하의 빙점에서 그대로 얼어붙었다가
파랗게 멍이 든 채 부유물로 떠돌아다닌다

더러 몇은
가식의 옷을 걸친 채
창밖을 기웃대지만
제 풀에 겨운 듯 이내 질식하여 쓰러지고 만다

얼마쯤 지나야 진주 하나 얻을까
얼마쯤 지나면 사리 하나 주울까

오직 신만은

어느 누구도
우리를 멈추게 할 수는 없다

봄에 새싹이 돋아나는 일과
나비가 꽃술을 향해 날아드는 일을
그 누가 막을 수 있겠는가

용광로 같은 가슴의 뜨거움을
내 영혼의 푸르름을
그리고 우리의 빛나는 눈 맞춤을
그 누가 멈추게 할 수 있겠는가

오직 한 사람
신만은
우리를 멈추게 할 수 있을 것이다

강변의 오후

햇살을 이고
휘어 도는 호수가
은빛 물살로 자지러지면
소금쟁이 한 마리
한가롭게 기슭을 친다

어디서 날아왔는지
해오라기 한 마리
외발로 서서
꿈꾸는 오후

더욱 깊어지는 바람의 그림자

서정남

소시집 떠도는 언어 III

본적 서울. 1934. 전북 부안 출생
경기대학교 중앙신학교 미국새예루살렘신학교
법무부 검찰공무원 퇴직. 법무사. 선교사

1988. 시집
그날이 오면 상재,
월간 〈한국시〉 신인상으로 등단
서초문협 회장 역임
한국문협, 한국현대시협,
국제펜 한국본부 이사

겨울나무를 보며

– 존재증명. 1

보라 새들의 비가悲歌와 조시弔詩와
앙상한 가지서 울려오는 레퀴엠을
나무들은 저렇게 겨울을 사는가보다.

떨며 흔들리며 흩날리다 찢긴
갈 곳도 없는 무수한 유서들을
하릴없이 포도와 들녘에 흩뿌리는
충천하던 거목들의 허무와 무상

인정도 눈물도 증발해버린 염전엔
가슴마다 사막이 된 갈밭 들짐승의
흉흉한 광란뿐 어디에도 착근할 곳 없어
배고픈 기러기처럼 신천옹처럼 하염없이
푸른 달빛 구름 사일 끝없이 허위적이다
어제도 오늘도 내일도 날아가고 있나니

오! 찬란한 태양 작열하는 별이여 빛이여

눈이 부시도록 캄캄한 이 빙하동굴을
비춰시라 저 겨울나무들처럼 수축되고
일그러진 존재일지라도 내일엔 다시
소생하는 생명의 근원으로 비춰다오!

고장 난 컴퓨터

– 존재증명. 2

고장 난 컴퓨터 붙들고 뒤채다가
동짓달 긴긴 밤을 하얗게 새웠다.

치고 두드리고 어르고 토닥여도
끝내 시동侍童* 하나 분만치 못하는 밤

영혼 없는 컴퓨터의 냉혹한 쇠붙이 소릴
홰치며 재우치던 계명성鷄鳴聲이 일갈했다.

천국 없는 오만한 과학자보다야 나는
눈치 없는 천치의 삶이 백번 좋다고!

* 귀인 밑에서 심부름 하는 아이

한발旱魃

– 존재증명. 3

하늘에 사무친다. 목이 타는 아우성
자식농사 그르쳐 다 죽게 됐다고.

산 들 강에 파닥거리며 숨 쉬던 것들
소리 없는 몸부림에 천지가 요동친다.
치산치수 관리들 모두 어디 갔느냐고.
강 건너 불구경 나리들 아직 국정수행 중
들려오는 메아리…(웃기지 말라 우리가 누군데…)
개점휴업 무노동 무임금은 어디에 탄하랴?

오! 무심한 하늘이여 땅이여 이제 그만
이 땅의 살인가뭄 진노 푸시고, 금수강산
근역삼천리 어진 백성들 지구촌 구석구석
물은 곧 생명인 것을 진정 깨닫게 하소서
우라늄 플루토늄 잡을 소화기를 주소서!

가슴이 답답한 까닭

–존재증명.4

길이 없는 건 아니다
원주圓周 안에 갇혔거나
사방 감옥에 유폐되었거나
사방팔방 십 육방 삼십 육방 무한대까지…
길이 없는 건 아니다. 다만
사람의 길과 짐승의 길이 다를 뿐,
육로 해로 항로, 지상의 길과 천상의 길이 있을 뿐,
손가락만 보고 달을 못 보면 달은 없는 것
풍랑으로 요동치는 바다도 이치를 알면 보행할 수 있고
이치를 모르면 코끼리는 바람벽일 수밖에
눈雪도 물이요 얼음도 물이요 증기와 구름도 물인 것을

숨이 막힌다. 답답하여라.
물을 보고 물이 아니라니
가슴이 터진다. 강물을 틀어막는 이들이여
물은 본시 어떤 장벽 어떤 철벽도 용납지 않음이
그 철칙인 걸 모르는 청맹과니들 가련타.

넘쳐흐르고 스며서 흐르고 구름으로 올랐다 내려흐르는
그런 물을 기어이 막으려다 기어이 익사하고 마는 가련
한 이들이 여
물이 곧 길이요 진리요 생명인 걸 아직도 모르시는지…

의무

–존재증명. 6

의무는 삶의 꽃
꽃 중에 꽃은 들꽃 같은 삶의 꽃
준법은 튼실한 열매 그리고 지복至福
이 꽃만 피어나면 세상은 온통 꽃동산이다.
새들과 벌 나비 춤추고 노래하며 어우러지는
백합 장미 라일락 천리향 오렌지향기 미풍에 밀려오는
순결, 조화론 평화의 강물 넘치는 지구촌은 모두 낙원
곳곳마다 사람마다 저런 꽃 만발하는 날 그리워라.

꽃 없는 세상은 어두운 폐허
낮도깨비 설치는 컴컴한 토굴막장
무섭고 외롭고 너무 서러운 가슴사막
인정도 눈물도 말라 붙어버린 고비사막
가도 가도 오아시스 종려나무 그늘도 없는 땅

이름도 없이 존재도 없이 스러지는 존재들
폭설에 덮인 큰개불알풀꽃처럼 애처롭구나.

밤하늘 보랏빛별들 쏟아지며 반짝이는
오! 거룩할 손 묵언수도默言修道의 꽃향기여

어떤 진화

–존재증명. 7

머리에서 스파크가 번쩍번쩍 튄다.
페스트 에이즈 에볼라 콜레라 메르스…
예측불허의 가공할 적들의 침략전쟁

노벨의 유언을 까맣게 잊은 존재망각의
끝없는 반복의 유형화하는 물신노예들은
저렇듯 불량의 번식을 속수무책으로
오늘도 내일도 그 다음날도 방조하리니

정신 차릴진저 '불량의 번식을 돕는 것은
사실상 후손들에게 수많은 적들을 물려주는
고약한 짓, 적자가 생존하기 위해서는 약자의
번식을 막아야 한다.' *는 경구를 명심하도록 !

* 과학과 종교 과연 무엇이 다른가. 정성희 · 김주현 공역, 도서출판 린. 2013. P. 216.

비인간非人間

－존재증명. 8

나는 아직 사람이 아니다
오로지 사람이 되고 싶어 한恨이지만
쉽게 풀길이 없어 밤마다 뒤채다 샌다.
대형서점엘 문턱이 닳도록 드나들며
거친 목재들을 구해 깎고 갈고 다듬고 밀어서
세워봤지만, 살만한 존재의 집 한 채 아직 없으니
나는 사람이 아닌 거다. 그런 내가 또 무엇인지
내 역사를 해명도 해석도 못하는 의무불이행의
궁지에서 허위적이고 만 있으니 어찌 사람이랴
위대한 시인은 더욱 언감생심이다.
이목구비 모양 모두 갖추었지만
불행한 사람들 가슴 등 다독이고
뼈저린 눈물 닦아주며 행복 한 아름 안겨주지 못하면서
우주의 생명질서도 살아가는 이유도 확증하지 못하면서
어느 시절에 사람 같은 시인이 될 것인가?!
어느 시절에 시인 같은 사람이 될 것인가?!
사람이여 개짐승 같은 사람들이여

또 다른 출발.2

–존재증명.9

다시 또 어디엔들
새로운 출발선이 있을까?
해가 바뀌고 계절이 바뀌었는데
갈 곳이 없다. 돌아보면 아스라한
고빗사위길 반환점밖에 없으니, 애달픈들
어이하랴. 흉흉한 소문만 무성해 믿을 곳도
의지할 곳도 없는 노인충老人蟲들*
잠자리 들기 전엔 기구祈求, 자고새면 매양
두 주먹 불끈 쥐고 새아침 달려보지만 이젠
허공을 달리는 깃털처럼 무중력의 몸짓
겨울비속 노가리는 절대고독의 언덕길을
파릇파릇 하늘거리는 보리이파리와 추수 끝낸
모포기마다 파란 싹들이 돋아 어루만진다.

출발선이 기다리던 게 축복인 걸 알듯 하다.
헐떡이며, 헐떡이며 지하철로 버스로 건널목
육교 승강장을 오르내리며 찬물처럼 밀려오고

간물처럼 빠져나가던 날들의 출발선
거기, 내 설 자린 이제 정녕 없는가?

* 노인층을 비하하여 노인 벌레라는 뜻으로 생긴 은어.

떠도는 언어. Ⅲ

– 존재증명. 10

사랑하는 나의 시편들이여 영혼이여
지금쯤 어느 하늘밑 떠돌며 울고 있느냐

허허벌판 쑥대밭 산비탈이거나 북천
기러기 떼 끼룩끼룩 날으는 겨울밤을

시베리아 설원 '겨울 나그네' 처럼* 나그네처럼
외투 깃에 고개를 묻고 어깨엔 기타를 매고

개들이 컹컹대는 어두운 밤길을 홀로 쓸쓸히
하늘 향해 영혼의 노래를 부르며 가고 있느냐

사랑도 열정도 연인도 벗도 따르는 자도 없이
음악에 미쳐 음악에 미쳐 지칠 대로 지쳐 혼곤한

예술의 혼과 더불어 저녁불빛도 다정스런 집
우편마차를 달려 까마귀 우는 숲을 지나

이정표도 없어 초조한 마음으로 휴식할 곳을
찾고 있느냐 곱은 손 호호 불며 방황하느냐

오! 이제 그만 편히 쉬어라 얼어붙은 눈물 씻고
봄꿈을 찾아 봄꿈을 찾아 편히 쉬어라 나의 시편들아

* 슈베르트의 연가곡 '겨울 나그네' 에 '떠도는 언어' 를 은유.

리트머스 시험지
– 존재증명. 11

슬플 땐 눈물 피잉 돌다가
기쁠 땐 웃음 펑펑 터지는
싫으면 버럭 화를 내놓고
좋으면 금방 어린 아이로
진정제라도 먹어야겠다.

청색은 하늘 적색은 태양
명광과 혼탁 진리와 역리
우주 만물의 생명 질서를
어찌 두색만으로 분별할까
정녕 진정제를 먹어야겠다.

류승훈

소시집 정적

아호

枳菴지암, 寒泉齋한천재

약력

서예가, 문인화가, 시조시인

남고서원 훈장

정적靜寂

만학으로 서예를 전공한 것과
한문학을 구경하고 줄곧 가르치는 일에
매진한 것이 자랑이 아니고
세워놓고 쓸 수 있는 붓글씨는 드물고,
평평한 곳에 머문 지 50년
위를 볼 것도 없고
아래를 내려다 볼 필요도 느끼지 못한 범부는
먹물로 선지에 칠을 하며
만만하지 않은 길을 가는 여정에서
글꼴도 아닌 것에 눈길을 두기도 했더라

정적靜寂 속에서

함부로 던지는 돌멩이에
이마가 터지는 꿈을 꾸다가
슬그머니 일어나
깊은 물속인 듯한
정적靜寂을 만지작거리다가
먹을 갈아본다

정적淨滴을 떨어뜨리는 연적硯滴은
물방울 다이아몬드보다도
단단한 연적戀敵인데

벼루에서 일어서는 것은
검은 회오리바람
오늘밤 이 정적 속에서
정적끼리는 암투를 꾸미고 있을까
치열熾烈한 이 갈기로
치열齒列을 어긋시침하고 있을까

섬진강변에서

노리끼리한 민낯 빛일랑은
못 먹어서 부황 든
강변 어부의 낯꽃인데
통통하게 살이 오른 씨죽이
개항죽으로
다시 갱조개로 불린들
자잘한 민초의 살림살이가
훨씬 나아지리이까

섬진강변의 잔물결은
찰랑찰랑
재첩을 어루만지며
마음 내키는 대로
웃음꽃을 모래톱에 깔아 놓고
홀로 아리랑으로
속풀이를 하는가

동진강 원류原流쯤에서

새로운 르네상스 시대를 잉태한
조선의 제일 장수한 임금
영조의 친모
최 무수리의 태생지 인의仁義 현 근처
도래미산 발치에

비수봉泌水峯을 감싸 안은
시산詩山의 치마 끝자락 적시우고 흘러
동구네 앞 냇가에서
수라상에 진상된 참게는
옆걸음을 치는데

게의 부모는
너만은 제발 똑바로 걸어라
아니에요
세상 살아본 게로
위나 아래나
옆으로 기고 있는디요

임진강나루의 버들치

황해를 거슬러 올라온
황복이 갑갑한 앞길에 놀란 듯
부풀대로 부풀린 배통 보소
어디 신들메인들
메기나 하것던가

한여름 더위 꺾일 무렵에
장맛비에 쓸려 내려온
한탄강의 목침지뢰가
임진강나루 쯤에서
음침하게 가라앉아도

미끈한 실아지 옆을 스쳐간들
하돈河豚은 멍청한 듯
누렇게 오동통 살이 오르고
날렵한 임진강 버들치는
내일 또 찬란하게 떠오르는
태양을 꿈꾸며

은빛 지느러미 번쩍
등용문을 열어 놓을 힘을
나루에 풀어 두는가

경주 남산에서

우윳빛 피를 뿌리며
경주 남산까지 날아온
이차돈의 눈동자는
불법佛法을 신라에 정착시켰다는데

생전에 하신 말씀 중에
신발 정리된 모양을 보고
도둑놈이 훔칠 집을 정한다고
경고했더라

남산의 소나무 묵은 뿌리 둥치는
생쥐 같은 일본 놈들 도굴꾼의 뻰질한
지까다비 발길에 상처가 도지고
아물고 도지고
덕지덕지 켜켜한데

인자한 신라인의 미소 머금은 채
불두佛頭는 버글버글한 마사토 깔린 땅바닥에

반쯤 묻혀서
이마를 찧고 있더라

바람 앞에서

바람을 등지고
걸어야 하나
바람을 안고서
걸어가야 하는가

순풍을 만난
가오리연 허공을 유영하는데
역풍을 안고
곤두박질치는
방패연의 신세

바람 차가운 광야에서
뼈도 없는
힘도 없는
순하디 순한
양털만 모인 모필毛筆이
무엇을 조화 부려 줄 것인가
바람은 바람은 죄다 모여

온갖 바람 잔치로
앞길을 막아서기 반백년

붓끝에서 피는 먹물 꽃은
바람 바람에 흔들려도
피고 지고 피고 지고
끝이 없어라
옹골차게 영글어진
밤톨 같은 열매를
토실토실 줍는 바람은
꿈속의 바람인가

설매雪梅 피던 날

노령蘆領의 정기를 타고난
샘골에 눈이 내리기로 작정한 날
차분하고 야무지게
눈발은 더욱 두툼하게
흠벅스러워 함박꽃 송이인 듯
세 번째 길만 쓸고 돌아서는데

숨소리조차
삼켜버린 듯이
살포시 눈 속에서
매화 꽃잎은
입 꼬리가 귀에 걸리게
벙글어지고 있는데

절대로
시들지 않겠다는 것인가
싱싱한 향내음이
웃음덩이를

눈밭에 천진하게
굴리고 있더라

국사봉에서

전국 곳곳마다 흔한 것이
국사봉國師峯인데
환골탈태換骨奪胎
신분상승
장원급제 꿈을 안고 살던
한빈한 옛 선비들의
갈증 난 여망과 꿈이
만들어 낸 봉우리들

장성 갈재 아래 쯤
노화 낭자의 낭자한 깔깔 웃음이
여기에서도 들리는 듯한
소성의 국사봉은
내려서서
올려보는 모습은
야무진 문필봉이 완연한데

국사를 다시 써 보겠다는

국선國選의 문객文客들은
필봉筆鋒을 꼬부라지게 하고 있지는 않은지

백초유신百草有神

거센 비바람 맞아
땅에 납작 엎드려서
쉬이 물렀거라
광풍이 지나가길 기다리면서도
생각사로 웃음이 자꾸만
입시울을 비집고 삐져나온다
짜잖은 것들

미친바람 지나가면
거침없이 일어서서
잡초라는 이름으로
이름값을 톡톡히 하는
민초들은
한 떨기 한 포기
저마다 튼실한
정신 줄을 꽉 잡고
악착같더라, 착하더라
예나 지금이나

김만권

소시집 살아있는 것은

전북 정읍 출생
2013년《월간 문예사조》로 등단
정읍문학회 회원

부둣가

천천히 녹이 스며든다
해풍에 절여지는 부두에서는
발뒤꿈치도 녹이 슨다

막 정박한 배의 밧줄이
엎드린 곡주를 감고서야
윤기 도는 목젖을 만져본다

우리 그리움도
저처럼 목을 매는 일이었던가

느슨한 밧줄 위로 저녁노을이
녹물을 쏟아낸다.

들국화

들국화가 비를 만날 적에
그 향기 어디로 숨어드는지
본 적이 있다

우산 속 그대 귀밑머리로
옆구리에 낀 시집의 책갈피 틈으로

아무리 생각해도
여태껏 스며 있는 것이다
비 오는 날엔 젖지 않아도
들국화가 핀다

눈 구경

이틀째 눈이 내리고
그 위에 또 눈이 덮여간다
어쩌다 스며든 햇볕이
나이테를 새기려 들지만
쌓이는 눈은
오직 한 시절만을 받아들인다
겹겹이 두꺼워진 시간이
얼었다가 풀리는 정오 무렵
끝내 당신은
내 손을 만지고 있다

수염의 용도

무심코 코를 만지다가
손바닥이 턱에 스치며 하는 말
까칠하군

아침마다 거울 보며 밀다가
시간 다 보내고 하는 말
오매 쓰잘데기 없는 거

저녁에 아내랑 텔레비전 보다가
등 좀 긁어 주소 하길레
턱을 쓸어보곤 씨익 웃었다

무지개

그 여름날의 무지개를 기억한다
천둥이 소리 없이 와서
영롱한 반원의 지붕을 만들자 나는 웬일인지
눈을 뜬 채 푸른 잠에 빠져들었다
그날 이후
당신을 생각할 때마다
무지개가 뜬다

쓸쓸에 대하여

아침 햇살 아래 쓴다
신호대기 중인 차 안에서 쓴다
식당에서 밥을 먹다가 쓴다

어느 날은
어둑한 골방에서 쓴다
창밖에 눈발을 바라보다가
끝내 잠은 오지 않아서
눈을 감고 쓴다

살아있는 것은

살아있는 것은 환하다
어둠 속에서도 빛나는 생의 표식들
이마에 혹은 가슴에 불 하나씩 밝히고
침입자를 응시한다
대개는 은은한 초록별을 차용했는데
띠를 두르고 일곱 개의 오색 경고등을 발하는
녀석도 있다
무서워진 나는
오줌 마려운 것도 잊은 채
얼른 거실을 벗어났다
지상의 겨울밤을 타진하던
공유기가 서리빛이다

눈을 쓸다

눈 쌓인 아침 대문 앞에서 붓을 든다
골목길 습자지 위에
가로로 획을 긋자마자 번지는
수묵의 농담
가다가 돌아보면 발자국마다
댓잎이 놓였다

누군가는 콧노래를 흥얼거리고
누군가는 한숨지으며 걸어간 흔적들이
대빗자루 끝에서 분분하다
따라오는 내 자국들은
누가 닦아 줄 것인가

그리움

온종일 발길이 끊긴 가게에서
휘날리는 함박눈을 본다
어젯밤 눈을 머리에 이고 온 자동차 지붕 위에
오늘도 한 겹 시름은 두껍게 쌓이는 중

저녁 한때
친구의 전화가 그리운데
나는
오래된 휴대폰 배터리가 걱정이다

믿다 사다리

손이 닿을 수 없는 허공중에
머무는 날이 잦다
그런 날엔 하늘과 맞닿은 벽귀퉁이에
심을 박거나 붙들어 매는 일에 정진하는데
이토록 믿음 경건한 적이 있었던가
의지하며 기댄다는 것은 전부를 맡기는 일
토닥토닥 두드리는 신호에
끄덕끄덕 사다리는 대답한다

힘차게 한발 한발 딛고 오르는데
새파란 하늘이랑 뭉게구름이
나란히 옆으로 지나간다

빈집

허물어진 담장 너머로
깨진 항아리와 푹 꺼진 툇마루가 보인다
시든 들풀의 마당을 지나자
어둠과 축축한 바람만이 들고 났을
반쯤 열린 채 쓰러진 문짝과
바람벽에 벽시계처럼 매달린 소쿠리가 부옇다

언제였는지 알지 못하는 그 체념의 시간이
박제된 짐승의 표정으로 나를 읽고 있다

딸그락거리는 수저 소리도
싸리비로 마당을 쓸던 늙은 아비의 기침 소리도
그믐달처럼 수척했다지
그해 단풍 질 무렵에
서울 사는 아들이 데려갔다는 옆집 김 씨의 목소리가
가랑비 때문인지 연신 쿨럭였다

오래전에

동네 아이들의 시끄러운 숨바꼭질을 내려다보며
입이 근질거렸던,
시집온 색시가 그늘에 쪼그리고 있던 저녁을 훔쳐보던
그 감나무에 매달린 홍시 하나
등이 굽은 지붕 위에서 환하다

대통밥의 추억

달빛 출렁이는 밤이었을 것이다
푸른 마디마디 힘줄이 불거졌고
길목 초가에선 톱날 세우는
쇳소리가 차가웠다

햇살이 낭자한 날
죽녹원 아래 식당 밥상에는
놋그릇 대신 연둣빛 대통에
찰진 쌀밥이 그득했다

강산이 반쯤은 변하고
죽어서 늙어간 세월만큼이나
쩍 금이 벌어진 연필통 앞에서
그날 밤의 달빛을 본다

소가죽 허리띠를 풀다가

하루에 몇 번은 닫아걸었다가 푸는 빗장
배짱 두둑할 때보다도
비움 앞에서 겸손해지는 한 칸의 구멍
절대 용납할 수 없는 헐거움이기에
길을 걷다가도 추스르는 단아함이여

나 흔들리는 저녁마다
쓸쓸히 내려다보느니
복받치는 슬픔마저 오롯이 안아주는
이 따뜻한 생은
소의 어디쯤이었을까

향적봉 눈꽃

처마 밑을 배회하는 눈송이들이
바람의 호명에 하나 둘 불려 나갔는데
밤새 향적봉 정수리에 사슴의 뿔들이 자라났다
사람들은 눈꽃이라 불렀다
드문드문 쌓이는 눈이 꽃으로 피는 걸 본 적이 있는가
보라, 아무도 보이지 않는 능선의 꼭대기에서
세찬 눈보라가 얼어붙은 나뭇가지를
사슴처럼 간절히 흔들 때
그때 비로소 눈꽃은 화답하듯 피어난다
사슴의 흰 뿔을 닮은

유나영

소시집 꿈길

《월간 한국시》《현대문학사조》로 시와 시조 등단
한국문인협회 회원
익산문인협회 회원

시집
《그 겨울의 노래》 외 7권

꿈길

한밤에 이르러 꿈을 꾸었습니다
놓치지 않으려고 꿈 따라 갔습니다
고샅길 외진 길에서
그만 꿈을 놓쳤습니다

동화 같은 길

초록 물든 길목을 끝없이 따라갔다
물소리
새소리 젖은 자리 구름가고
눈 감고 그 길 보나니
동화 같은 꿈도 간다

산 메아리

산 고랑의 메아리엔 그의 음성도 묻었니라
내 삶의 굴레에 꿈도 묻어 나부끼니라
그 한줌 정을 풀고는
구름 가듯 가니라

이루고 싶지만 되울리는 한이 있어
달빛이 처마 끝에 매달려 시름 짓고
찬 서리 무정한 길을 사위듯이 지핀다

가을 여정

잠자리 날갯짓 하는
그 여정 길겠다

조락의 시절 다가오는데
허상만
마구 뒹군다

한 시절 그리운 숨결
산을 넘고 있구나

가을의 뜰

마른 잎 휘청대는
금이 간
세월이 운다

돌멩이 구르는 자리
흔적만
붉게 탄다

멀리서 소식 들고 와
의상만 곱게 나부낀다

모두가 떠나간 자리 그리움만 산산 댄다
멍청히 올려다보면 그냥 추운 바람이 분다
별 하나 뜰을 감는가
강물위로 달이 간다

입추의 뜰에 서서

엿듣다 지나는 세월 강아지풀이 일러온다
시름 걸고 한 세상 넘기면서 바라본다
슬픔도 닭 울음 따라 지붕 끝을 흔든다

첫새벽 올 것이란 기약의 눈물을 보자
하늘 향한 회한의 뜻 에워싸는 찬바람 보자
치잉칭 감아 조이는 정 처마 끝에 매달자

그리움의 자리

물넝쿨 위에던가 그리움 넌 세월이 있어
그 까닭 물으면서 너울너울 엉킨 정이
빈자리 휘어 감으며 아픈 흉내를 낸다

풀잠자리 물위에 앉아 내가 가꾼 사랑 불러
한 세월 달맞이 하던 화사한 시절을 불러
참았던 이야기 풀고 긴 숨을 내 쉰다

봄꽃서정

사랑 찍어 발라 불그레한 얼굴이다
도란도란 노닐다가 고개 숙인 얼굴이다
고요히 노래 젖어도 사랑스런 얼굴이다

그리움의 자리 2

내 생애의
반은
도란대는 세월에 묻고

꿈도
가즈런히
꽃으로 피운 자리에 묻고

그 시절
그리운 자리
아잇적 웃음 걸어 두자

세월

하루 해 또 하루 어루면서 지나는 곳
아침도 한낮도 저문 밤도 넘어 가는 곳
울 엄마 이마의 금을 헤아리며 물어가는 곳

지난 뜻 새기고는 그려본 흔적을 두고
저리도 저린 가슴 사랑으로 태우게 하고
절절한 사연 한 두름 걸치면서 숨 쉬는 곳

코스모스

인정의 끈 늘리고는
저만치 꽃바람 분다

먼 데서 눈물겹게 달음질 쳐 오는 것을
얼마나 기다림 두고 목을 길게 늘였나

어울려 몸 부비면 금물결 일겠지만
한 세월 두고 외로운 얼굴 디밀겠지만
여리게 매달린 몸매
야들한 춤으로 논다

꽃밭이랑에서

저 빛깔 나부낌도
향기도
얹어 놓자

잡힐까 설레이면서
속내도
드러내 보자

밀리듯
잡힌 정취가
눈 감으면 고울까

꽃시절

꽃은
목마름으로
이파리마다 떨었었다

파란 시절을 엮어
빈자리 채웠었다

그렇게 살아온 몸짓
그리움으로 소근거렸다

한데 묶어놓고 사랑으로 가둔 시절
인동초 아스라한 뜰 참하게 도타운 자리
울밑을 키운 꽃떨기 다독거리고 있겠다

정 묻은 곳

꽃철에 비바람은 무심히 꽃을 딴다
물위에 꽃잎 떠서 어디로 흐르는가
세월이 지날 바인데
자취마저 지울까

겨울 삽화

한겨울 추위보다
더 세찬 회한이

밤새 차가웁게
밀고 끌리면서

빼앗긴 우리들 사랑
거기서 눈은 내린다

꿈결에 목메인게
아마도 서러워서

강기슭 이랑으로
기러기 울음같이

흩뿌린 상심의 가지
눈발로도 떨겠다

황논숙

소시집 인생를 줍는다

전북 순창 출생

2015년 《월간 한국시》로 등단

시집

《꽃이 첫눈에게 전하는 말》 (2015년)

공저 《전북 문화유산 시집》 (2015년)

봄 비

나비의 날개처럼
살랑거리더라

첫사랑의 떨림으로
소리 없이 내려앉더라

어머니의 손길로
아기 쓰다듬듯
다독이듯이

새록이 잠든 꽃망울을
정성스레 닦아주고
입맞춤으로 일깨우는
봄비는
마술사더라

민들레

홀로 가는 길이었던가

자식 분가 시키듯 비워내고
민머리로
창공을 향해
넓은 팔을 벌렸던가

넓은 세상 자유를 갈망하는
맑은 영혼
홀로 가는 길이었던가

그리움

님의 숨결 때문에
끈을 놓지 못하네

그리움은
두레박을 타고서
넘실대는
가슴속 우물을 건지듯이

호수 위에 내비친
달그림자 떠내듯이
퍼 올리고 뒤돌아서는 발뒤꿈치 소리

다시 또
차오르는
가슴속 우물 넘치게 하네

개나리꽃

버들가지 휘어져 내린
줄기마다
쪼로롱
병아리 떼 줄지어 있다

맑은 개울물 선율에
귀 쫑긋 세우고
춤추고 있다

잦아진 바람에
발만 동동거린다

꽃사랑

흔들린 꽃잎 하나에도
이슬을 머금겠지

바람 불면 위태롭게
꽃잎 하나 떨어뜨리겠지

꽃잎 하나 떨어지면
슬픔지고 가겠지

촉촉이 내려앉은 빗물처럼
벼랑 끝에 서 있는 바람처럼

천 길 낭떠러지 두렵지 않은 거라면
그 하얀 빛살 어리는 꽃술이겠지

박 꽃

하이얀 속살같이
배시시
미소 짓던 자태더니

달빛아래
고귀한 실루엣으로
바람 앞에
신부가 되어
수줍게 떨고 있었네

꿈속의 너

눈뜨고 나서도
그리운 너와

다시
눈감고 싶은 나와

아픈 바람

잦아들었나 싶었는데
바람은
다시 또
꽃밭에서 뒹굴던 추억을 몰고 와
한바탕 놀아 보잔다

허허로운 가슴에
잔 멍이
가시기도 전
썰물이 되어 밀려갈

철없는 파도는
그렇게 바람으로부터 부서져 간다

사 랑

아니다
아니다
손사래 쳐 봐도

이미
넌
내 심장인 것을

해바라기

외로운
눈빛이다

황량한 벌판에
홀로
서 있는
한 그루의 소나무처럼

태양을
그리워하는 해바라기의
검은 눈물이
알알이
영글어 가는 동안

깊은
고뇌의 숙연함 속에
고개 떨어뜨리고 있는
그리움

순 수

봄 햇살 눈부시게
창가에 내려앉던 날
대지를 밀치고 나온
연두 잎이
햇살과 마주 잡은 손 같다

산들 바람에 몸을 맡긴 채
뭉게구름 속에서
숨바꼭질 하는
너와 나 같다

벚 꽃

눈꽃을 휘감고도
기다려 왔던 것이
봄바람을
만나기 위함이었던가

처녀 가슴으로
봉긋한
꽃망울 열어젖히고

짓궂은 바람은
설화 빛 날개옷을
자꾸만
흔들어 대고 있다

봄의 소묘

봄의 탄성이구나
입 다물지 못한 채
까무러치는 놀라움의 손짓이구나

산수유의 노오란 웅성거림이
바람 속으로 흩어질 때
님은
호수 위에 반사되어
나의 가슴 속으로 파고드는구나

매화 향 그윽한
아기꽃의 뽀송한 촉수가
해맑게 흔들리고 있다

봄은
사랑의 향연 속에
새로운 흥분이 시작되고 있다

인생을 줍는다

나의 빈껍데기 속에
무엇을
채울 것인가

주섬주섬
옷섶 다잡으며
이삭 줍는 생이여

노을 한 섬
어깨 위에 들쳐 메고서
서녘에 걸터앉아
왜 머뭇거리는가

꿈

맑고 푸른 하늘에
밤새 모은 흰 구름으로
예쁜 꽃도 그려보고
그리운 이의 얼굴도 그려보자

엊그제부터 모아놓은
먹구름으로
창대한 꿈을 그려보자

오늘
하늘이 참 푸르다

宋永擇

소시집 末年의 詩

1933년 부산 출생
1953면 봄《文藝》에 詩가 추천되면서 등단.

詩集
《너와 나의 목숨을 위하여》(2012년)
번역 시집
《괴테 시집》《하이네 시집》
《릴케 시집》《릴케 후기시집》
《헤르만 헤세 시집》

해가 지다가

해가 지다가
멈추어 선다
그것은
메아리가 되어 돌아오는
한여름의 그 비구름 소리를
혹은
우듬지에 막혀
거기서 멎어버린 여린 햇살을 -
어쩌면
꽃맺이도 남기지 못하고 시든
어린 꽃송이를
아니
그때 그 서러웠던 것
아름다웠던 것을
기다리는지도 모르겠다.

뻐꾸기를 기다리며

숲정이에서
뻐꾸기가 울고 있었습니다
은근히
무엇을 기다리는 것 같았습니다
그것이 무엇인지는 알 수 없었습니다만
초가을에 뻐꾸기가 떠날 때까지도
찾아온 흔적이 없었습니다.
혹시나 했습니다만
만만한 것이 아니었습니다
그렇습니다
그러나 내년 여름에도
뻐꾸기 소리를 또 들었으면 합니다
어쩌면
찾아올지도 모를 그것을
지그시 기다리고 싶은 것입니다

추억과 되풀이

잊어버린 것이 되돌아오고
그것을 또 잊어버리는
되풀이 -
되풀이는
끝이 없는 거름종이 같아서
지난 일들을
하나하나 정성들여 걸러내고
걸러낸 것들은 추억이 된다
추억은
스스로 자신을 비다듬고
꿈을 덧붙여서 아름다워지지만
그러나 이내
다시 잊힌다

꽃과 아픔

꽃이 지는 꽃밭에
햇살이 쓸쓸하다
나비는 보이지 않고
바람도 잠들었다
모두가 허허하다
그러나
돌아앉은 여인의 목 언저리에
수줍음이 일듯이
그렇게
꽃맺이에 아픔이 고여 있다

들꽃처럼

잠시 소나기가 지나간 산기슭
메아리 돌아오듯
은은히 들려오는 천둥소리
그새
수풀이 많이 쓸쓸해졌다
먼 길을 가다가 깊어진
하늘
그리고
늦가을의 기운 햇살
이제는 들꽃도
빛을 거두고
쉴 때가 되었다

사랑의 노래

찰랑거리다가 잔잔해지고
잔잔하다가 찰랑거린다
깊숙이 갈앉은 시월의 하늘 -
티 없이 푸른 숨결이다
깊디깊은 꿈속이다
눈물이 마른 가슴속이다
여왕을 사랑한 돌장이를 아는가
그를 빚고 있는 詩人을 아는가
눈을 감아라
소리 죽여 울 수 있다면

殘日

어느새
모두들 가벼렸다
더러는 남아서 서성이고 있지만
손에 잡히는 것이 없다
주체할 수 없게 넘쳐흐르며
다투어 꽃이 피던 것이 언제였던가
지금은
꽃맺이도 사라진 허수한 나날이
그늘이 되어
기다리는 것 하나 없는 고샅길에
쓸쓸히 드리우고 있다

인사

안녕하십니까
이제 떠날 때가 된 것 같습니다
그동안 그럭저럭 살았습니다
해돋이가 아름다운 날도 있었지만
해넘이가 처량한 날이 많았습니다
그리고
가슴 아픈 일이 하나 둘 쌓였습니다만
비바람이 조금씩 쓸어갔습니다
한세상을 사는 것이 꿈과 같은 것이라고 합니다만
아무것도 없이 와서
아무것도 없이 가는 것을 어찌 허망하다 하겠습니
　까
그렇더라도
세상살이가 왜 이렇게 서러운지 모르겠습니다
그러나 아름다웠던 것 두어 가지 새기며
떠났으면 합니다
왠지 좀 쓸쓸합니다